D1374679

Hiep hiep hoera!

NEDERLANDSE
KINDERJURY
2006

AVI 3

Copyright © 2005 bij Uitgeverij De Eekhoorn BV, Oud-Beijerland

CIP-gegevens Koninklijke Bibliotheek, Den Haag

Van de Coolwijk, Marion

Een school vol dieren: Hiep hiep hoera! / Marion van de Coolwijk
Internet: www.eekhoorn.com
Illustraties: Saskia Halfmouw
Vormgeving: Bureau Maes & Zeijlstra, Oosterbeek

ISBN 90-6056-956-3 / NUR 281

Hiep hiep hoera!

MARION VAN DE COOLWIJK

Met tekeningen van
SASKIA HALFMOUW

2e druk

 De Eekhoorn

Inhoud

1 Gezond 7

2 Het huis van dokter Daan 13

3 Niet op tijd 19

4 De letter F 25

5 Geheim 31

6 De brief 37

7 Een plan 42

8 Bewaking 48

9 Bijna vakantie 54

10 FEEST 60

1 Gezond

'Ik zit vol!'
Jet legt haar vork neer.
Ze veegt haar mond.
'Ik heb genoeg!
Ik at wel drie broodjes.
Dat doe ik anders nooit.'
Brit kauwt nog.
'Mpmpm...'
Jet lacht.
'Wat zeg je nou, Brit?
Ik kan je niet verstaan.
Je hebt je mond vol.'
Brit lacht.
Ze slikt.
'Sorry!
Ik zei...'
Ze veegt haar mond.
'Was het lekker?'
Jet knikt.
'Ja.

Beter dan op de overblijf.
Fijn dat ik mee mocht.
Jouw moeder is lief.'

Brits moeder komt er aan.
'Wat zeg je daar?
Ben ik lief?
Dat is nog eens fijn!'
Jet kijkt verlegen.

Brits moeder draagt een schaal.
Een schaal met fruit.
'Willen jullie nog fruit?'
Jet schudt haar hoofd.
'Nee, dank u.
Ik houd niet zo van fruit!'
Brit pakt een peer.
'Fruit is gezond!
Eet jij nooit fruit?'
'Nee,' zegt Jet.
Brit hapt in de peer.
'Stom!'
Jet zegt niets.
Ze wacht.
Dan is Brit klaar.
De peer is op.
Ze ruimen samen de tafel op.

Jet zwijgt nog steeds.
'Ben je boos?' vraagt Brit.
Jet trekt haar jas aan.
Ze zegt niets.

Ze lopen naar buiten.
Het is één uur.
Ze moeten weer naar school.

'Het spijt me,' zegt Brit.
'Je bent niet stom!'
Jet knikt.
'Je was gemeen.
Ik houd gewoon niet van fruit.
Maar jij houdt niet van groente.'
Brit lacht.
'Dat is waar!
Ik haat groente!
Dat is ook stom.'
Brit geeft Jet een duw.
'Tikkie, jij bent hem!'
Ze rennen over straat.
De school is niet ver.
Ze zijn er snel.
Het plein is leeg.
Er is nog niemand.
'We zijn vroeg,' zegt Brit.
Ze rent weg.

'Hee,' roept Jet.
'Waar gaan je heen?'
Jet rent achter haar aan.
'Niet zo snel!'

2 Het huis van dokter Daan

Ze rennen door het park.
Eindelijk staat Brit stil.
Jet hijgt.
Brit hijgt.
'Kijk,' zegt Brit.
Ze wijst.
'Het huis van dokter Daan.'

Ze zien een hek.
Er hangt een bord op.
Een man met een helm.
Achter het hek lopen mannen.
Ze bouwen een huis.
Het huis is bijna af.
Overal ligt zand.

Jet gluurt door het hek.
'Het schiet al op.'
Brit knikt.
'Ja, dat moet wel.

Het is bijna vakantie.
Dan gaat de school dicht.
Dokter Daan moet dan weg.
En de dieren ook.

Dokter Daan is dierendokter.
Hij werkt in de school.
In de gymzaal.
Daar zijn ook al zijn dieren.
Poezen...
Honden...
Cavia's...
Zijn huis brandde af.
Toen had hij geen hokken meer.
Waar moest hij heen?
De school wilde wel helpen.
Dokter Daan mocht in de school.
Samen met al zijn dieren.
Nu zit hij daar al weken.
De kinderen vinden het leuk.
Dokter Daan ook.
Iedereen helpt.
Brit en Jet helpen het meest.
Ze maken de hokken schoon.
Ze geven de dieren eten.
Iedere dag voor school.
Dat hebben ze beloofd.
Dokter Daan vindt dat fijn.

En nu is het bijna vakantie.
De school gaat dan dicht.
En dokter Daan moet weg.
Naar zijn eigen huis.

Jet ziet de hijskraan.
Hij tilt pannen.
Pannen voor het dak.
Dakpannen.
'Oef,' zegt Jet.
'Die hijskraan is sterk!
Hij tilt er wel vijftig.'

Brit en Jet blijven kijken.
Ze leunen tegen het hek.
Een man tilt glas.
Brit weet wat dat is.
'Dat is een raam!
Het raam van de voordeur.'
De man loopt naar de deur.
Er zit een gat in de deur.
In het gat past het raam.
De man pakt een spuit.
Hij spuit lijm.
Het raam zit vast.
'Zo,' roept Jet.
'Dat gaat snel.
Die mannen werken hard!'

Brit zucht.
'Iedereen werkt hard.
Maar…
Is het huis wel op tijd af?'

3 Niet op tijd

De man pakt weer een raam.
Hij loopt langs het hek.
Hij ziet Brit en Jet.
Hij zwaait.
'Dag, dames!
Komen jullie kijken?'
'Ja,' zegt Brit.
'Voor dokter Daan.
Dit huis wordt voor hem.
Hij is dierendokter.
Hij zit nu in onze school.
Hij wacht op dit huis.
Gaat het goed?
Is het bijna af?'
'Nog niet,' zegt de man.
'Het duurt nog wel even.
Het dak moet er op.
De ramen moeten er in.'
Brit schrikt.
'Maar dat kan niet!

Het huis moet af.
Het is bijna vakantie.
Dan moet de dokter hier in.
De school gaat dicht.'

De man loopt weg.
'We doen ons best.
Fijne dag nog!'

Brit kijkt Jet aan.
'Nou moe!
Wat is dat nu?
Is het huis niet op tijd klaar?
Maar dat kan toch niet?
Zou dokter Daan dat weten?
We moeten het vragen.
Kom mee!'

Ze rennen naar school.
Net op tijd.
De deur staat open.
Iedereen is al binnen.
Brit gaat naar de gymzaal.
Daar is dokter Daan.
Hij zit bij de poes.
Brit roept hem.
'Dokter Daan!
Dokter Daan!'

Jet komt er bij.
Dokter Daan gaat staan.
'Wat is er, dames?
Is er brand?'

'Nee,' hijgt Brit.
'Geen brand.
Maar wel alarm.
Uw huis...
Ze zeggen...
Die man...'

Brit is in de war.
Ze praat raar.
Dokter Daan lacht.
'Rustig, Brit!
Ga eerst even zitten.'
Hij pakt een stoel.
Brit gaat zitten.
Jet neemt het over.
'Dokter Daan?
We waren net bij uw huis.
Het is nog niet af.'

Dokter Daan knikt.
'Dat weet ik.
Ik was er ook.
Gisteren.

Het schiet niet echt op.'
Dokter Daan kijkt sip.
'Ik heb nog twee weken.
Dan gaat de school dicht.'

4 De letter F

Daar is juf Manon.
Ze ziet Brit en Jet.
'Dat dacht ik al.
Ik was jullie kwijt.
De les begint.
Komen jullie snel?'

Dan ziet ze dokter Daan.
Hij is haar man.
Dokter Daan kijkt sip.
Juf Manon schrikt.
'Wat is er?
Waarom kijk je zo?'

Brit staat op.
'Wij waren bij uw huis.
Het huis is nog niet af.
Hoe moet dat nu?'
Juf Manon zucht.
'Tja, dat weet ik ook niet.

We kunnen niets doen.
We hopen dat het wel lukt.
En nu mee naar de klas!'

Het is druk in de klas.
Iedereen praat.
Juf Manon tikt op het bord.
'Luister!'
Het wordt stil.
Brit en Jet gaan naar hun plaats.
Juf Manon pakt een krijtje.
Ze schrijft iets op het bord.

FEEST

Ze draait zich om.
'Ik heb een plan.
Een feestplan.'
De klas luistert.
Wat bedoelt de juf?

De juf vertelt:
'Het is bijna vakantie.
Dan gaat de school dicht.
Dokter Daan werkt in de school.
In de gymzaal.
Daar zijn alle dieren.

Ons huis brandde af.
Dat was vorig jaar.
Nu krijgen we een nieuw huis.
Het is bijna klaar.

Dat is fijn.
De dieren krijgen nieuwe hokken.
Wij een nieuw huis.'
Juf Manon kijkt rond.
'We zijn blij.
En we willen een feest.
Wie wil er een feest?'
Iedereen juicht.
Brit zegt niets.
Juf Manon ziet het wel.
'Brit?' zegt ze.
'Wil jij geen feest?'
Brit knikt.
'Jawel.
Maar...'
Ze zwijgt.
Juf Manon loopt naar haar toe.
'Toe,' fluistert ze.
'Maak niemand ongerust.
Het lukt heus wel.
Ik weet het zeker.
Doe je mee?'
Brit knikt.

Ze is niet echt blij.
Maar ze helpt de juf.
Misschien heeft ze gelijk.
En is het huis op tijd af.

5 Geheim

Iedereen krijgt een taak.
Juf Manon schrijft het op.
In een schrift.
Eva gaat taart bakken.
Thomas zal slingers maken.
Samen met Karim en Ali.
Sem en Mook maken een poster.
Mook denkt na.
'Wat moet er op?'
Sem weet het wel.
'HIEP HIEP HOERA,' zegt hij.
De juf knikt.
'Dat is goed, Sem.'

Brit weet nog iets.
'Ballonnen!
Dat hoort bij een feest.'
Juf Manon lacht.
'Je hebt gelijk.
Wil jij dat doen?

Samen met Jet?'
Brit en Jet knikken.
Dat willen ze wel.

Anne steekt haar vinger op.
'Weet dokter Daan dit al?'
'Nee,' zegt Juf Manon.
'Het is ons geheim.
Het is een verrassing.
Hij mag het niet weten.'

De deur gaat open.
Dokter Daan komt binnen.
Het wordt stil in de klas.
'Oei,' denkt Brit.
Op het bord staat FEEST.
'Nu ziet hij het.'

Dokter Daan kijkt.
'Is er feest?'
Juf Manon zwijgt.
Ze wordt rood.
Brit ziet het.
Ze gaat staan.
'Nee, hoor!' roept ze.
'We krijgen een lesje.'
'Ja,' roept Anne.

'Over de letter F.
Feest schrijf je met een F.
En DUIF ook.
Dat leren we.'

Dokter Daan lacht.
'Dat is waar.
Duif is met een F.
Maar duiven is met een V.'
Hij pakt het krijtje.
'Kijk maar.'
Hij schrijft een woord:

DUIVEN

Juf Manon knikt.
'Dank je wel, Daan.
Maar…
Waarom was je hier?'
Dokter Daan zucht.
'Ik moet weg.
De bouw belde.
Ik moet komen.
De hokken zijn er.
Ze worden geplaatst.
Ik moet zeggen waar.
Maar de dieren…
Wie wil er even op ze passen?'

'Oké,' zegt juf Manon.
'Dat is goed.
Ga jij maar naar de bouw.
We gaan naar de gymzaal.'

6 De brief

Het is stil in de gymzaal.
Iedereen zit op de grond.
Ze zitten in een kring.
Rondom staan hokken.
In ieder hok zit een dier.
De dieren zijn rustig.
De muizen slapen.
De hond ligt in zijn mand.
De cavia's slapen ook.
De papegaai zit op zijn stok.
Juf Manon leest voor.
Het is spannend.
Het gaat over heksen.
Brit kijkt op de klok.
Het is elf uur.
Pauze.
De bel gaat.
Juf Manon doet het boek dicht.
Ze staat op.
'Het is pauze.

We gaan naar buiten.
Wie wil er hier blijven?
Voor de dieren?'

Brit steekt haar hand op.
'Ik wil dat wel, juf!'
Jet wil het ook.
Brit en Jet blijven binnen.
De rest gaat naar buiten.

Jet pakt het konijn op.
Het dier knabbelt aan haar trui.
Jet lacht.
'Hij heeft honger.
Pak even wat voer!'
Brit loopt naar de tafel.
De tafel van dokter Daan.
Daar ligt voer.
Er liggen ook brieven.
Brit pakt wat voer.
Dan ziet ze de brief.
Ze leest wat er staat.
Brit schrikt.
'Oo...'
Jet komt er bij.
Brit wijst naar de brief.
'Kijk!

Een brief van de bouw.
Moet je lezen.'
Ze geeft de brief.
Jet leest de brief.

Beste dokter Daan,

Uw huis is bijna af.
De bouw ging goed.
Maar nu is er een probleem.
Er was een dief.
Hij pikte onze spullen.
We plaatsten een hek.
We kochten nieuwe spullen.
Maar er was weer een dief.
Dit kan zo niet langer.
Zo schiet het niet op.
U moet het huis bewaken.
Iedere nacht.
Dan kunnen wij verder.
Regelt u dat?

Groeten,

De opzichter.

7 Een plan

Jet knijpt in de brief.
'Nu snap ik het.
Daarom duurt het zo lang.
Er was een dief.
Die pikte de spullen.'
Brit knikt.
'Het huis moet bewaakt.
Maar hoe doe je dat?
Dokter Daan is hier overdag.
En juf Manon ook.
Ze moeten toch ook slapen?'

Daar is dokter Daan.
'Dag meiden.
Is de rest buiten?
Ging het goed?
Zijn de dieren lief geweest?'
Hij trekt zijn jas uit.
Brit en Jet schrikken.
Jet laat de brief los.

De brief valt op de grond.
Dokter Daan ziet het.
'Las jij die brief?'

Jet knikt.
Haar hoofd wordt rood.
'Het ging per ongeluk.
We wilden voer.
En toen zagen we de brief.'
Dokter Daan is niet boos.
'Geeft niet,' zegt hij.
Hij raapt de brief op.
'Jullie weten het nu.
Ik moet mijn huis bewaken.
Maar ik weet niet hoe.
De politie doet het niet.
Ik moet het zelf doen.
Maar ik werk overdag.
Ik heb mijn slaap nodig.
Ik kan toch niet opblijven?
Dan word ik ziek.
Dat kan niet.
De dieren rekenen op mij.'
Dokter Daan zucht.
'Manon weet het nog niet.
Zeg maar niets.
Dan wordt ze ongerust.

Ik verzin wel wat.
Gaan jullie maar naar buiten.
Bedankt voor de oppas.'

Brit en Jet gaan naar buiten.
De rest zit op het gras.
'Hee,' roept Karim.
'Wat kijken jullie sip?'
Jet vertelt wat er is.
Iedereen luistert.
'Wat erg,' zegt Eva.
'Hoe moet dat nu?
Bewaken is eng.
Vooral als het donker is.
Wie durft dat nou?'
Thomas grijnst.
'Ben je bang in het donker?'
Eva geeft hem een stomp.
'Ja, jij niet dan?
Doe niet zo dom!
Durf jij dat huis te bewaken?
Dieven zijn sterk.
Sterker dan een kind.
Dat lukt je nooit.'
Thomas zwijgt.
Hij denkt na.
'Zeg...'

Hij buigt voorover.
'Ik heb een idee.
Luister goed.
Als we nu eens...'

8 Bewaking

Het is nacht.
De maan schijnt.
De straat is leeg.
Of toch niet?
Daar loopt een man.
Hij draagt een zak.
Hij klimt over een hek.
Hij loopt naar een huis.
Het huis is donker.
Er woont nog niemand.
Het huis is nog niet af.
Het is van dokter Daan.

De man wil het huis in.
Maar dan schijnt er licht.
Recht in zijn ogen.
De man schrikt.
Hij rent snel weg.
Er klinkt gelach.
'Net goed,' zegt Brit.

Ze zit in het huis.
Samen met haar vader.
'Wij bewaken het huis!
Er komt geen dief in.'

Brit kijkt naar haar vader.
Die is best sterk.
Vannacht is het hun beurt.
Morgen komt Jet.
Samen met haar vader.
En overmorgen...
Dan komt Karim.
Samen met zijn vader.
De hele klas helpt mee.

Het plan van Thomas was goed.
Nog veertien dagen.
Dan is het huis klaar.
Dus ook veertien nachten.
Thomas maakte een lijst.
Een bewaak-lijst.
Iedere nacht een kind.
n met een vader.
n dan in het huis.
vond het goed.
50 k mee.
uur langs.

Brit zit op een stoel.
Ze heeft het koud.
Ze draagt vier truien.
En een jas.

Haar vader zit op de grond.
Hij heeft een lamp.
Het huis is leeg.
Er is niets.
Geen meubels...
Geen water...
Geen licht...
Brit heeft koek mee.
En drinken.
Haar vader heeft koffie.
Ze moeten wakker blijven.
De hele nacht.
Dat hebben ze beloofd.

Brit luistert.
'Ssst,' sist ze.
'Ik hoor wat!'
Haar vader loopt naar buiten.
Hij doet zijn lamp aan.
Brit gluurt door het raam.
Ze ziet een agent.
Hij praat met haar vader.
Gelukkig!

Het is geen dief.
Het is de politie.
Nog een paar uur.
Dan is het ochtend.

9 Bijna vakantie

Het is maandag.
Nog vijf dagen.
Dan is het vakantie.
Zomer vakantie.
In de klas is het warm.
Brit zweet.
Ze zit bij het raam.
De zon schijnt op haar rug.
Juf Manon zit op haar stoel.
Ze kijkt blij.
'Jongens en meiden...
Jullie waren super!
Die bewaking was goed.
Er kwam geen dief meer.
Het huis is nu klaar.
Net op tijd.
Dank jullie wel!'
'Joepie!' roept Thomas.
'Mijn plan is gelukt.
Iedereen hielp mee.

We bewaakten het huis.
En er kwam geen dief meer in.'

'Juf?' vraagt Eva.
'Gaat u nu verhuizen?'
Juf Manon knikt.
'Eerst onze spullen.
De meubels…
Het bed…
Mijn kleren…
Daan is druk aan het werk.
Behangen…
Verven…
Gordijnen ophangen…
Het is nog best veel werk.
Maar het is bijna klaar.
Eva snapt het.
'Moeten we helpen?
Ik kan heel goed tillen.'
'Nee hoor,' zegt juf Manon.
'Dat doen de verhuizers.
Dat zijn sterke kerels.
Ze zijn dat gewend.
Morgen is alles klaar.
'En de dieren?' vraagt Sem.
'Wanneer verhuizen de dieren?'

Juf Manon knikt.
'Die verhuizen we donderdag.
Het komt allemaal goed.
Dank zij jullie.'

Juf Manon fluistert nu.
'Maar...
Jullie kunnen me wel helpen.'
'Waarmee?' roept Sem.
Juf Manon pakt haar schrift.
'Met het feest natuurlijk!'
'We hadden een lijst.
Eva bakte taart.
Thomas maakte slingers.
Weten jullie dat nog?'
Brit weet het weer.
'Ik deed de ballonnen.
Samen met Jet.'
Juf Manon knikt.
'Ja!
En het is een geheim.
Dokter Daan weet het niet.
Het is een verrassing.

We versieren het huis.
En zetten alles klaar.
Dan lokken we dokter Daan.
Doen jullie mee?'

10 FEEST

Het is zaterdag.
Zeven uur.
Het is nog vroeg.
Brit fietst over straat.
Ze gaat naar het huis.
Het huis van dokter Daan.
Het is nu echt klaar.

De anderen zijn er al.
Brit ziet slingers.
Juf Manon blaast een ballon.
'Hier,' zegt ze.
'Blaas maar snel mee!
Maar stil zijn.
Anders wordt Daan wakker!
Hij slaapt nog.'
Het huis wordt mooi versierd.
Iedereen werkt hard.
Ze zijn muisstil.
Eva schildert een bord.

HIEP HIEP HOERA

Anne maakt strikken.
Ieder hok krijgt een strik.

Mook en Sem vegen het pad.
Thomas snijdt taart.
Ali maakt limonade.

Eindelijk zijn ze klaar.
Ze zitten in een kring.
Juf Manon fluistert:
'Jullie verstoppen je.
Dan haal ik Daan.
Als ik roep, komen jullie.
Goed?'

De kinderen snappen het.
Iedereen zoekt een plekje.
Eva gaat onder de trap.
Sem en Mook gaan in de WC.
Anne gaat in een doos.
Brit en Jet gaan in de kast.
Het is nu stil in het huis.
Brit houdt haar adem in.
Ze hoort voetstappen.
Er is iemand op de trap.
'Hij komt,' sist ze.

Ze horen de stem van dokter Daan.
'Wat is dit?'
Juf Manon roept:
'Kom maar te voorschijn.'

Daar zijn ze.
Iedereen juicht.
Dokter Daan kijkt blij.
'Wat een verrassing!'

De hele dag is het feest.
Ze eten taart.
Ze drinken limonade.
Om vier uur gaat iedereen naar huis.
Brit loopt langs de hokken.
'Wel jammer,' zegt ze.
'De school zal stil zijn.
Geen dieren meer in de gymzaal.
Ik zal ze missen.'
'Ja,' zucht dokter Daan.
'Ik zal jou ook missen.
Je kon goed helpen.'
Brit aait de poes.
'Mag ik dan hier helpen?
Dan kom ik iedere dag.
Voor schooltijd.'
Dokter Daan knikt.
'Dat is goed.

Ik kan wel wat hulp gebruiken.
En zo te horen…
Zijn de dieren het er mee eens.'

Marion van de Coolwijk

Geboren op 7 mei 1959 in Amsterdam.
Marion woont in Winkel.
Een kleine stad in Noord-Holland.
Daar woont ze samen met haar man Ed,
twee zonen, een hond en wat goudvissen.
Marion is eigenlijk juf.
Maar ze schrijft ook al heel lang boeken.
Haar eerste boek was: Flippa Flodderhoed (1988).
Marion maakt ook lesboeken voor scholen.
Ze helpt kinderen die niet zo goed kunnen lezen.
Kinderen met dyslexie.
Daar weet Marion heel veel van.
Ze vertelt erover op scholen.
Ze heeft ook een boek geschreven over dyslexie:
Ik ben niet bom!
Marion heeft al meer dan 65 boeken geschreven
en wil er nog veel meer schrijven.

Kijk maar eens op:
www.marionvandecoolwijk.nl
www.kindinbeeld.nl
www.beeldenbrein.nl

Een school vol dieren

Er is brand bij dierendokter Daan.
De dieren worden gered.
Maar de hokken zijn verbrand.
Dokter Daan huilt
'Waar moeten de dieren nu naartoe?'
Brit heeft een idee...

ISBN 90-6056-910-5

Het hok is leeg.
Er ligt alleen nog wat stro.
De hamster is weg.
En kijk...
De poes is ook weg.
Er klopt iets niet.
Is er soms een dief?
Een dierendief?

ISBN 90-6056-911-3

Het is heel warm weer.
De dieren willen naar buiten.
Maar dat kan niet.
Dokter Daan heeft geen buitenhokken.
Die zijn heel duur.
De hele klas gaat klussen.
Maar of het lukt...

ISBN 90-6056-912-1